AF222940

Versicherung der Autorschaft und sorgfältigen Recherche

Hiermit versichere ich, dass diese Buchausgabe keine Fremdtexte oder Zitate anderer Autoren enthält. Für meine redaktionelle Arbeit habe ich ausschließlich mein eigenes Wissen und meine eigene Expertise, von Zeitzeugen, sowie die von Maschinen verwendet. Die Inhalte, die ich von Maschinen verwendet habe, wurden von mir sorgfältig nach bestem Wissen und Gewissen überprüft und redigiert.

Bibliografische Information der Deutschen Nationalbibliothek:

Die Deutsche Nationalbibliothek verzeichnet diese Publikation in der Deutschen Nationalbibliografie; detaillierte bibliografische Daten sind im Internet über https://dnb.dnb.de abrufbar.

Verlag: BoD · Books on Demand GmbH, In de Tarpen 42, 22848 Norderstedt
Druck: Libri Plureos GmbH, Friedensallee 273, 22763 Hamburg

ISBN: 978-3-7693-0980-5

120 JAHRE
ZECHENWERKSTATT
LOHBERG

Ein Relikt aus dem Kohlenpott

Lothar Herbst

VORWORT

Die Zechenwerkstatt in Dinslaken-Lohberg ist weit mehr als ein Relikt vergangener Tage. Sie ist ein lebendiges Zeugnis der industriellen Geschichte des Ruhrgebiets, ein Ort, an dem die Spuren von Schweiß, Mühe und Gemeinschaft noch heute greifbar sind. In ihren Mauern spiegelt sich die Geschichte einer Region wider, die über Jahrzehnte vom Bergbau geprägt war – und die nun, nach dem Ende dieser Ära, neue Wege geht.

Als ich mich entschloss, dieses Buch zu schreiben, war ich fasziniert von der Vielschichtigkeit dieses Ortes. Die Zechenwerkstatt, einst Herzstück eines florierenden Bergwerks, dass seine Bestimmung Ende 2005 aufgab, hat den Strukturwandel im Ruhrgebiet nicht nur überlebt, sondern ihn aktiv mitgestaltet. Heute ist sie ein Symbol für den gelungenen Übergang von einer industriellen Vergangenheit zu einer kreativen und kulturellen Zukunft. Hier trifft Geschichte auf Gegenwart, Altes auf Neues, und es entsteht ein faszinierender Raum des Wandels und der Innovation.

Dieses Buch soll die Geschichte der Zechenwerkstatt nachzeichnen, von ihren Anfängen als technisches Zentrum der Zeche Lohberg bis hin zu ihrer heutigen Rolle als kultureller Ankerpunkt im Kreativ.Quartier Lohberg. Es soll die Menschen würdigen, die diesen Ort einst belebten, und ebenso jene, die ihn heute mit neuen Ideen füllen. Es soll die Transformation des Gebäudes und seiner Umgebung beleuchten und dabei die Bedeutung der Industriekultur für die Identität und Zukunft der Region herausstellen.

Ich hoffe, dass dieses Buch nicht nur als Chronik dient, sondern auch als Inspiration. Die Zechenwerkstatt zeigt, dass Wandel möglich ist, dass aus Vergangenem Neues entstehen kann, wenn man den Mut hat, neue Wege zu gehen. Möge diese Geschichte den Leser dazu ermutigen, die Vielfalt und den Reichtum der Industriekultur im Ruhrgebiet mit neuen Augen zu sehen – und ihre Bedeutung für die Zukunft zu erkennen. Die Zechenwerkstatt in Dinslaken-Lohberg ist ein Ort, der zum Nachdenken anregt, zum Erinnern, aber auch zum Vorwärtsblicken. Dieses Buch ist eine Einladung, diesen Ort in all seinen Facetten zu entdecken.

Inhaltsverzeichnis

VORWORT   03

Inhaltsverzeichnis   05

Die Zeche Lohberg und ihre Bedeutung

Die Gründung der Gewerkschaft Lohberg   08

Rolle der industriellen Revolution   12

Alltagsleben der Bergleute   13

Der Niedergang des Bergbaus   16

Zechenwerkstatt Lohberg

Geschichte der Zechenwerkstatt   22

Architektur und bauliche Merkmale   26

Geschichte von Arbeitern und Technikern   29

Aktuelle Entwicklung   31

Umwandlung der Zechenwerkstatt im KQL   32

Kauf der Zechenwerkstatt   40

Und so geht es weiter   45

Langfristige Nutzung der Zechenwerkstatt   52

Inhaltsverzeichnis

Die Freilicht AG   56
Die Stiftung Ledigenheim   57

Das Repair Café   59
Veranstaltungen   64
Historische Begegnung   70

Mein Fazit zur Zukunft der Zechenwerkstatt   75
Die Zechenwerkstatt in der Haushaltssicherung   77

Aktivitäten der Zechenwerkstatt in 2022 und 2023   80
Zusätzliche Veranstaltungen   86

Autoreninfos   89

Die Zeche Lohberg und ihre Bedeutung

- ### Ein Stück Ruhrgebietsgeschichte
  ### Gründung und Entwicklung

Konrad Adenauer und Kaiser Wilhelm auf Lohberg / Urheber unbekannt

- Die Gründung der Gewerkschaft Lohberg und die Entwicklung des Dinslakener Bandeisenwalzwerks

Am 30. Dezember 1905 wurde ein bedeutendes Kapitel in der Geschichte des Dinslakener Bandeisenwalzwerks geschrieben: Die Vorstände Fritz Thyssen, Joseph Thyssen und August Thyssen, zusammen mit Bergassessor Arthur Jacob, gründeten die Gewerkschaft Lohberg. Diese Entscheidung war nicht nur ein wirtschaftlicher Schritt, sondern auch eine Antwort auf die wachsende Nachfrage nach Kokskohle, die für den Betrieb der Stahlwerke in der Region unerlässlich war.

In den darauffolgenden Jahren, insbesondere ab 1907, nahm die Entwicklung des Bergwerks Fahrt auf. Die ersten beiden Schächte, Lohberg 1 und 2, wurden an der Landstraße zwischen Dinslaken und Hünxe abgeteuft. Dieser Prozess war mit enormen technischen Herausforderungen verbunden und erforderte umfangreiche Ressourcen und Fachwissen. Parallel dazu entstand die Bergarbeitersiedlung, die nicht nur als Wohnraum für die Arbeiter diente, sondern auch die Basis für eine

Gemeinschaft bildete, die eng mit der industriellen Entwicklung der Region verwoben war.

Im Laufe der Jahrzehnte expandierte das Bergwerk erheblich. Neue Schächte wurden geteuft, um die steigende Nachfrage zu decken, und die Belegschaft wuchs stetig an. Arbeiter aus verschiedenen Ländern, darunter Korea, das ehemalige Jugoslawien, Polen und die Türkei, fanden hier eine neue Heimat. Diese multikulturelle Belegschaft trug nicht nur zur Erhöhung der Förderleistung bei, sondern auch zur kulturellen Diversität der Region. Im Jahr 1979 erreichte das Bergwerk mit einer Fördermenge von 3.135.415 Tonnen Kohle seinen historischen Höchststand.

Bis Ende 2005 waren zahlreiche Lohberger auf der Schachtanlage beschäftigt, die mittlerweile zum Verbundbergwerk Lohberg-Osterfeld gehörte. Der Stadtteil war nach wie vor stark mit dem Bergbau verbunden, und die Geschichten der Arbeiter waren untrennbar mit der Entwicklung des Bergwerks verknüpft. Doch zum 1. Januar 2006 wurde das Bergwerk stillgelegt. Die meisten der zuletzt etwa 1.400 Beschäftigten wurden auf andere Bergwerke versetzt oder gingen in den Vorruhestand. Dies stellte einen tiefen Einschnitt in das Leben der Gemeinschaft dar, die über ein Jahrhundert hinweg vom Bergbau geprägt worden war.

Im Jahr 2007 gewann das Dortmunder Architekturbüro "Stegepartner" den Wettbewerb für die Neugestaltung des Zechenareals Dinslaken-Lohberg. Ihr Entwurf sah vor, den Stadtteil Alt-Lohberg schalenförmig auf dem Gelände der ehemaligen Zeche weiterzuentwickeln. Diese Pläne waren nicht nur eine Hommage an die industrielle Vergangenheit, sondern auch ein Schritt in die Zukunft, der den Bedürfnissen der heutigen und kommenden Generationen Rechnung tragen sollte.

So schloss sich ein Kreis, und das Erbe des Bergbaus, das jahrzehntelang die Identität des Stadtteils geprägt hatte, fand einen neuen Ausdruck in einer visionären städtebaulichen Gestaltung. Die Geschichte der Gewerkschaft Lohberg und des Dinslakener Bandeisenwalzwerks bleibt ein faszinierendes Beispiel für den Wandel von industrieller Blüte zu kultureller Erneuerung.

Was blieb ist die Zechenwerkstatt Lohberg!

Erklärung: Das Wort „Gewerkschaft" hat historische Wurzeln, die sich von den handwerklichen und industriellen Traditionen des 19. Jahrhunderts ableiten. Ursprünglich bezog sich der Begriff auf Zusammenschlüsse von Handwerkern oder Bergleuten, die gemeinsame Interessen verfolgten, insbesondere im Hinblick auf Arbeitsbedingungen, Löhne und soziale Absicherung.

Im Kontext der Gründung der Gewerkschaft Lohberg im Jahr 1905 handelte es sich um einen solchen Zusammenschluss von Unternehmern und Bergbau-Experten, der darauf abzielte, die Ressourcen für den Betrieb des Bergwerks zu organisieren und die wirtschaftlichen Bedingungen für die Kohlenförderung zu optimieren. Hierbei ging es nicht um die Interessenvertretung von Arbeitnehmern, wie es in modernen Gewerkschaften der Fall ist, sondern um die Schaffung einer gemeinsamen Unternehmung, die Ressourcen bündelte und die wirtschaftliche Entwicklung förderte.

Die heutige Verwendung des Begriffs „Gewerkschaft" bezieht sich hingegen vor allem auf Organisationen, die die Interessen von Arbeitnehmern vertreten und sich für deren Rechte und Bedingungen einsetzen.

- Rolle in der industriellen Revolution

Die Zeche Lohberg spielte eine zentrale Rolle in der industriellen Revolution. Kohle war der Treibstoff dieser Zeit, und das Ruhrgebiet war das Herz der deutschen Kohleproduktion. Die Zeche Lohberg trug maßgeblich dazu bei, diese Position zu stärken.

Motor der Industrialisierung: Die Kohle aus Lohberg versorgte nicht nur die Stahlindustrie, sondern auch zahlreiche andere Industriezweige. Sie war somit ein wichtiger Motor für das wirtschaftliche Wachstum der Region.

Arbeitsplatz und Lebensraum: Die Zeche schuf Tausende von Arbeitsplätzen. Die Zechenkolonie Lohberg entstand als direkte Folge der Bergbautätigkeit und prägte das Leben der Menschen in der Region nachhaltig.

Symbol des Ruhrgebiets: Die Zeche Lohberg steht exemplarisch für die Bedeutung des Bergbaus für das Ruhrgebiet. Sie ist ein Teil des kollektiven Gedächtnisses der Region und ein beliebtes Ausflugsziel für Touristen.

- Alltagsleben der Bergleute und Arbeitsbedingungen

Das Leben der Bergleute war hart und gefährlich. Lange Schichten unter Tage, Staub, Hitze und die ständige Gefahr von Unfällen prägten ihren Alltag.

Schwere körperliche Arbeit: Die Bergleute waren körperlich schwersten Belastungen ausgesetzt. Sie schürften die Kohle mit einfachen Werkzeugen und transportierten sie auf mühsame Weise aus den Flözen.

Gesundheitliche Risiken: Staublunge und andere berufsbedingte Erkrankungen waren weit verbreitet. Die Lebenserwartung der Bergleute lag unter dem Durchschnitt.

Solidarität und Gemeinschaftsgefühl: Trotz der harten Bedingungen entwickelte sich unter den Bergleuten ein starkes Gemeinschaftsgefühl. Sie halfen sich gegenseitig und kämpften für bessere Arbeitsbedingungen.

Im Laufe der Zeit verbesserten sich die Arbeitsbedingungen zwar allmählich, doch die Arbeit im Bergwerk blieb immer eine gefährliche Tätigkeit. Mit dem Niedergang des Bergbaus in den 1960er Jahren endete auch die Ära der Zeche Lohberg. Heute ist die Zeche ein Industriedenkmal und erinnert an eine Zeit, die das Ruhrgebiet nachhaltig geprägt hat.

Altes Zechengelände mit Kohlemischhalle – Stadtarchiv Dinslaken, S20-0097

Grubenarbeiter anno dazumal / Urheber und Fotograf unbekannt

- Der Niedergang des Bergbaus und die Stilllegung der Zeche Lohberg

Gründe für die Schließung

Die Schließung der Zeche Lohberg war Teil eines umfassenden Strukturwandels, der das Ruhrgebiet in der zweiten Hälfte des 20. Jahrhunderts erfasste. Die Gründe für die Stilllegung waren vielfältig:

Erschöpfung der Ressourcen: Die Kohlevorkommen wurden immer tiefer und schwieriger zugänglich, was die Förderung immer kostspieliger machte.

Wettbewerb durch andere Energieträger: Erdöl und Erdgas wurden immer billiger und lösten Kohle als Energieträger zunehmend ab.

Umweltprobleme: Der Bergbau verursachte erhebliche Umweltschäden, wie z.B. Bodenabsenkungen und Grundwasserverunreinigungen.

Gesundheitliche Risiken: Die Arbeit im Bergbau war mit erheblichen gesundheitlichen Risiken verbunden, wie Staublunge und anderen Atemwegserkrankungen.

Politische Entscheidungen: Die Bundesregierung beschloss, den Kohleabbau schrittweise zurückzufahren, um die Umwelt zu schützen und die Abhängigkeit von fossilen Energieträgern zu verringern.

Der Prozess der Stilllegung

Die Stilllegung einer Zeche ist ein komplexer Prozess, der über mehrere Jahre andauerte kann. Im Falle der Zeche Lohberg wurde der Betrieb schrittweise eingestellt:

Personalabbau: Zunächst wurden Überstunden abgebaut und Kurzarbeit eingeführt. Anschließend wurden Stellen abgebaut und Mitarbeiter in den Vorruhestand oder auf andere Zechen versetzt.

Stilllegung der Schächte: Die einzelnen Schächte wurden nach und nach stillgelegt und verfüllt.

Rückbau der Anlagen: Die oberirdischen Anlagen wurden abgerissen oder zurückgebaut.

Auswirkungen auf die Region

Die Stilllegung der Zeche Lohberg hatte tiefgreifende Auswirkungen auf die Region.

Jobverlust: Tausende von Arbeitsplätzen gingen verloren, was zu einer hohen Arbeitslosigkeit führte.

Strukturwandel:	Die Region musste sich neu erfinden und neue Wirtschaftszweige entwickeln.

Verlust von Identität:	Der Bergbau war ein wichtiger Bestandteil der Identität der Menschen im Ruhrgebiet. Mit der Schließung der Zechen ging ein Stück Identität verloren.

Emotionale und soziale Aspekte

Das Ende des Bergbaus war nicht nur ein wirtschaftlicher, sondern auch ein emotionaler Einschnitt.

Trauer und Verlust:	Für viele Menschen war die Zeche mehr als nur ein Arbeitsplatz. Sie war ein Teil ihres Lebens und ihrer Identität. Die Schließung wurde als Verlust empfunden.

Zukunftsängste:	Die Zukunft war ungewiss. Viele Menschen machten sich Sorgen um ihre Existenz und die ihrer Familien.

Solidarität: Trotz der schwierigen Situation zeigten sich viele Menschen solidarisch und unterstützten sich gegenseitig.

Auf diesem Foto wurden gerade Nieten für das neue Gerüst 2 am offenen Feuer und in luftiger Höhe aufgewärmt und eingetrieben. Dieses Gerüst steht heute noch und dient der zukünftigen Gruben-Wasserwirtschaft. Auf dem freien Feld ist heute der Bergpark.

Stadtarchiv Dinslaken, S20-0094

Der Danke-Kumpel vor der alten Waschkaue Lohberg / Foto: Lothar Herbst

Zechenwerkstatt Lohberg

Die Zechenwerkstatt in Dinslaken-Lohberg ist ein historisches Gebäude und ein bedeutendes Industriedenkmal,
das eng mit der Geschichte des Bergbaus im Ruhrgebiet
verbunden ist. Hier sind einige wichtige Informationen
zur Geschichte und aktuellen Entwicklungen rund um die
Zechenwerkstatt.

- Geschichte der Zechenwerkstatt

Zechenwerkstatt Anno dazumal / Urheber und Fotograf unbekannt

Die Zeche Lohberg – Ein Herzstück des Ruhrgebiets

Die Zeche Lohberg, gegründet im Jahr 1905, war ein bedeutender Pfeiler der Bergbauindustrie im Ruhrgebiet. Über Jahrzehnte hinweg zählte sie zu den größten und produktivsten Zechen der Region.

Um diesen umfangreichen und anspruchsvollen Betrieb aufrechtzuerhalten, war eine leistungsfähige Infrastruktur unerlässlich.

Die Lebensader der Zeche

Ein zentraler Bestandteil dieser Infrastruktur war die Zechenwerkstatt. Ursprünglich diente eine Waschkaue, eine Anlage zur Reinigung der geförderten Kohle, als Grundlage für den Bau dieser Werkstatt. Ihr Zweck war klar definiert: die Wartung und Reparatur der zahlreichen Maschinen und Geräte, die im Bergbau zum Einsatz kamen.

Die Aufgaben der Zechenwerkstatt waren vielfältig und von entscheidender Bedeutung für den reibungslosen Betrieb der Zeche:

Reparaturen: Defekte Maschinen und Werkzeuge wurden hier instandgesetzt, um Ausfallzeiten zu minimieren und die Produktivität zu gewährleisten.

Ersatzteilfertigung: Fehlten bestimmte Teile, wurden diese in der Werkstatt selbst hergestellt, um schnell auf Ersatzbedarf reagieren zu können.

Wartung: Regelmäßige Inspektionen und Wartungsarbeiten stellten sicher, dass die Maschinen in einem optimalen Zustand blieben und ihre Lebensdauer verlängert wurde.

Das Herzstück der Zeche

Die Zechenwerkstatt war mehr als nur eine Reparaturwerkstatt. Sie war das pulsierende Herzstück der Zeche, der Ort, an dem das Leben unter Tage buchstäblich in Gang gehalten wurde. Denn ohne funktionierende Maschinen und Geräte wäre der Kohleabbau undenkbar gewesen.

Die Mitarbeiter der Werkstatt waren hochqualifizierte Fachkräfte, die mit ihrem Know-how und ihrer Erfahrung einen wesentlichen Beitrag zum Erfolg der Zeche leisteten.

Freigestellt d. Luftamt Hamburg, 20.07.1962 / Stadtarchiv Dinslaken, S20-099

Zechenwerkstatt anno dazumal / Urheber und Fotograf unbekannt

- **Architektur und bauliche Merkmale**

Die Zechenwerkstatt war meist ein großer, langgestreckter Bau, der sich in mehrere Hallen gliederte.

Halle für schwere Maschinen: Hier wurden große Maschinen wie Fördermaschinen und Kompressoren gewartet und repariert.

Schlosserei: In der Schlosserei wurden Metallteile herge-stellt, bearbeitet und zusammengeschweißt.

Drechslerei: Hier wurden zylindrische Werkstücke gedreht und bearbeitet.

Schmiede: In der Schmiede wurden Metalle durch Schmieden in Form gebracht.

Die Werkstätten waren oft mit großen Kranen ausgestat-tet, um schwere Maschinen zu bewegen. Die Hallen waren hoch und hell, um den Arbeitern ausreichend Platz und Licht zu bieten.

Technische Einrichtungen

Die technischen Einrichtungen in einer Zechenwerkstatt waren vielfältig und hingen von der Größe der Zeche und dem Umfang der Arbeiten ab. Zu den wichtigsten gehör-ten:

Werkzeugmaschinen: Drehmaschinen, Fräsmaschinen, Bohrmaschinen und Schleifmaschinen waren das Hand-werkszeug der Schlosser und Mechaniker.

Schweißgeräte: Zum Zusammenfügen von Metallteilen wurden verschiedene Schweißverfahren eingesetzt.

Hebebühnen: Mit Hebebühnen konnten schwere Maschinen angehoben und bewegt werden.

Druckluftanlagen: Druckluft wurde für verschiedene Werkzeuge und Maschinen benötigt.

Der Arbeitsalltag in der Werkstatt

Der Arbeitsalltag in der Werkstatt war geprägt von harter körperlicher Arbeit und hoher Präzision.

Reparaturen: Ein Großteil der Arbeit bestand darin, defekte Maschinen zu reparieren. Die Arbeiter mussten oft unter beengten Verhältnissen und mit einfachen Werkzeugen arbeiten.

Wartung: Regelmäßige Wartungsarbeiten waren notwendig, um einen störungsfreien Betrieb der Zeche zu gewährleisten.

Herstellung: In einigen Werkstätten wurden auch neue Maschinen hergestellt.

Die Arbeit in der Werkstatt war gefährlich. Verletzungen durch Maschinen oder Werkzeuge waren keine Seltenheit.

- Geschichten von Arbeitern und Technikern

Die Zechenwerkstatt war nicht nur ein Ort der Arbeit, sondern auch ein Ort der Begegnung. Hier wurden Geschichten erzählt, Erfahrungen ausgetauscht und Freundschaften geschlossen.

Die alten Hasen: Erfahrene Arbeiter, die schon seit Jahrzehnten in der Werkstatt tätig waren, verfügten über ein umfangreiches Wissen und Können. Sie wurden von den jüngeren Kollegen geschätzt und respektiert.

Die Lehrlinge: Junge Männer lernten in der Werkstatt das Handwerk des Schlossers oder Mechanikers. Sie wurden von den älteren Kollegen ausgebildet und mussten sich beweisen.

Innovationen: Es gab auch erfinderische Arbeiter, die neue Werkzeuge oder Verfahren entwickelten, um die Arbeit effizienter zu gestalten.

Die Zechenwerkstatt war ein Mikrokosmos der industriellen Revolution. Hier wurde die Kraft der Technik sichtbar, aber auch die menschliche Seite der Industrialisierung.

Zusammenfassung

Die Zeche Lohberg und ihre Zechenwerkstatt sind ein eindrucksvolles Beispiel für die Komplexität und Bedeutung des Bergbaus im Ruhrgebiet. Die Werkstatt war nicht nur ein technischer Betrieb, sondern auch ein Ort, an dem Wissen und Handwerk zusammenkamen, um einen hochmodernen Industriebetrieb am Laufen zu halten.

Anno dazumal / Urheber und Fotograf unbekannt

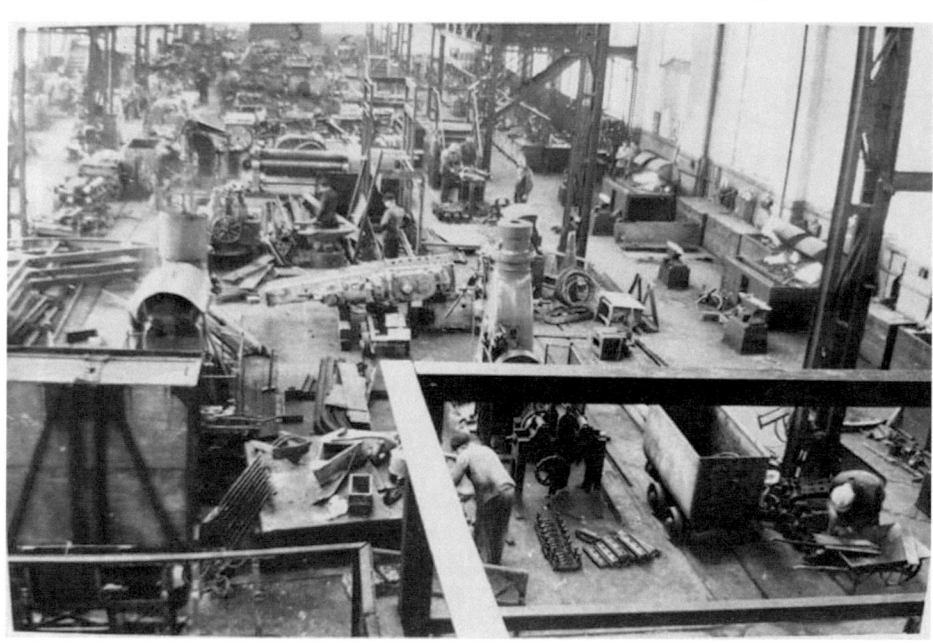

Aktuelle Entwicklungen

Revitalisierung und Umnutzung: Nach der Stilllegung der Zeche wurde die Zechenwerkstatt als Teil des Projekts "Kreativ.Quartier Lohberg" revitalisiert. Dieses Projekt zielt darauf ab, das ehemalige Bergbaugelände in einen lebendigen Raum für Kunst, Kultur und Kreativwirtschaft zu verwandeln. Die Zechenwerkstatt spielt eine zentrale Rolle in dieser Transformation. Die Zechenwerkstatt ist heute ein kultureller Treffpunkt und bietet Raum für verschiedene kreative Projekte und Veranstaltungen. Künstler, Designer und andere Kreativschaffende nutzen das Gebäude für ihre Arbeit, und es gibt regelmäßig Ausstellungen, Workshops und kulturelle Events.

Symbol für den Strukturwandel: Die Zechenwerkstatt ist heute ein Symbol für den erfolgreichen Strukturwandel im Ruhrgebiet. Sie zeigt, wie Industriekultur bewahrt und gleichzeitig in eine neue, nachhaltige Nutzung überführt werden kann. Das Gebäude zieht sowohl Einheimische als auch Touristen an, die sich für die Geschichte des Bergbaus und die Transformation der Region interessieren.

Aktuelle Nutzung und Veranstaltungen: Die Zechenwerkstatt dient weiterhin als Veranstaltungsort und wird von verschiedenen kulturellen und künstlerischen Gruppen genutzt.

Es gibt regelmäßig kulturelle Veranstaltungen, darunter Konzerte, Ausstellungen und Theateraufführungen. Die Zechenwerkstatt in Dinslaken-Lohberg ist somit ein bedeutendes Zeugnis der industriellen Vergangenheit des Ruhrgebiets und ein Beispiel für die erfolgreiche Neunutzung historischer Gebäude im Rahmen des Strukturwandels. Sie verbindet Geschichte und Gegenwart auf eindrucksvolle Weise und ist heute ein lebendiger Teil der Kulturszene in der Region.

- Die Umwandlung der Zechenwerkstatt im Kreativ.Quartier Lohberg

Die Umwandlung der Zechenwerkstatt in ein Kreativ.Quartier ist ein Paradebeispiel für gelungene Revitalisierung.

Kreativ.Geschichten

Dinslakens Bürgermeister Dr. Michael Heidinger, sprach am 26.04.2013 anlässlich der Eröffnungsfeier die Laudatio der Ausstellung des europäischen Partnernetzwerkes "CURE". Anschließend führte Walburga Schild-Griesbeck durch die Themen-Boxen der acht Kreativ.Quartiere und stellte sie dem lauschenden Publikum vor. Ich hatte die Möglichkeit ergriffen, der Eröffnungsfeier beizuwohnen und hiervon zu berichten.

Künstlerin Walburga Schild-Griesbeck im Gespräch mit Autor Lothar Herbst

In Bewegung

Die Stadt Dinslaken und die RAG Montan Immobilien GmbH entwickelten gemeinschaftlich die rund 40ha große Industriefläche der ehemaligen Zeche Lohberg. Motor der Standortentwicklung ist das Kreativ.Quartier Lohberg. In der Mitte des Standorts bietet es Raum für kreative unternehmerische Tätigkeiten in denkmalgeschützten Gebäuden oder Neubauten. Fotografen, Künstler, Produktentwickler, Filmemacher und Kunsthandwerker haben sich bereits angesiedelt. Flächen für individuelle Wohnangebote, Gewerbe und Handwerk sowie ein weitläufiger Bergpark runden das Vorhaben ab.

Integrierte Entwicklung

Das K.Q.L hat sich zu einem CO_2-neutralen Standort entwickelt. Ein innovativer Energiemix aus Wind, Sonne, Biomasse, Geotherme und Grubengas sichert die Strom- und Wärmeerzeugung. Neue Architekturen und Konzepte zur Umsetzung vorhandener Gebäude sind gestalterisch hochwertig und zugleich Module des übergreifenden Energiekonzepts. Im Rahmen eines Werkstattverfahrens entstehen künstlerische Projekte für den

Bergpark, die gemeinsam mit Bewohnern des Stadtteils Lohberg realisiert werden.

Rahmenplan

Der Rahmenplan strukturiert die Gesamtfläche in unterschiedliche Nutzungszonen. Im Norden entstand in Anlehnung an die Lohberger Gartenstadt ein neues Wohnquartier und der Bergpark. Dieser verbindet den Stadtteil Lohberg mit der östlich angrenzenden Haldenlandschaft; er wurde ab 2013 gebaut. Nach Süden schließt sich das eigentliche Kreativ.Quartier Lohberg an.

Es besteht aus den vorhandenen zum Teil denkmalgeschützten Gebäuden und den Fördertürmen sowie Neubauten. Die südliche Fläche, die zur Innenstadt Dinslaken gewandt ist, wurde zum Gewerbegebiet entwickelt. Ein breit angelegter "Corso" durchquert als Nord-Süd-Tangente für Fußgänger und Radfahrer das gesamte Gelände und stellt zugleich den Anschluss an die regionalen Radwegesysteme entlang der Emscher und der Lippe her.

Das Kreativ.Quartier Lohberg und die ehemalige Zechenwerkstatt sind untrennbar miteinander verbunden. Die

Zechenwerkstatt ist nicht nur ein Gebäude, sondern ein Ort mit Geschichte, der eine wichtige Rolle in der Entwicklung des Quartiers spielt. Sie ist ein Symbol für den Wandel und die erfolgreiche Revitalisierung einer ehemaligen Industriefläche.

Idee und Konzept: Die Idee war, die historischen Gebäude wie der Zechenwerkstatt zu erhalten und sie für kreative Zwecke zu nutzen. So entstand ein Ort, an dem Künstler, Designer, Startups und Kulturschaffende zusammenkommen und ihre Ideen entwickeln können.

Vielfältige Nutzung: Das Kreativ.Quartier bietet Platz für Ateliers, Werkstätten, Büros, Veranstaltungsräume und Ausstellungsflächen.

Synergieeffekte: Durch die Nähe zu anderen Kreativunternehmen entstehen Synergieeffekte und ein lebendiger Austausch.

Künstlerwerkstatt KQL / Foto Lothar Herbst

Interviews mit Beteiligten

In Gesprächen mit Künstlern und Kulturmanagern, die im Kreativ.Quartier Lohberg tätig sind, kristallisieren sich folgende Aspekte heraus:

Begeisterung für den historischen Ort: Viele Künstler schätzen die besondere Atmosphäre der ehemaligen Zechenwerkstatt und die Verbindung zur Geschichte des Ortes.

Inspiration und Kreativität: Die Umgebung inspiriert zu neuen Ideen und fördert die Kreativität.

Netzwerk und Austausch: Das Kreativ.Quartier bietet eine Plattform für den Austausch mit anderen Künstlern und die Entwicklung von gemeinsamen Projekten.

Herausforderungen: Die Umnutzung historischer Gebäude ist oft mit Herausforderungen verbunden, wie z.B. der Anpassung der Gebäude an die neuen Nutzungsanforderungen.

Zukunftsperspektiven: Die Beteiligten sehen das Kreativ.Quartier als wichtigen Baustein für die weitere Entwicklung der Region und hoffen auf eine nachhaltige Etablierung der Kreativwirtschaft.

Soundcheck zum Musik-Event in der Zechenwerkstatt / Foto: Lothar Herbst

Foto: Lothar Herbst

Kauf der Zechenwerkstatt

- Ein Überblick

Ein Meilenstein für Dinslaken

Der Kauf der Zechenwerkstatt von der RAG war ein bedeutender Schritt für die Stadt Dinslaken und die lokale Gemeinschaft. Dieser Schritt sicherte nicht nur die Erhaltung eines historischen Gebäudes, sondern legte auch den Grundstein für ein lebendiges Zentrum für Kultur, Kunst und Begegnung.

Die ehemalige Zechenwerkstatt Lohberg steht vor einer großen Veränderung. Nach Jahren des Leerstands soll das denkmalgeschützte Gebäude zu neuem Leben erweckt werden. Die Initiative um die Freilicht AG hat sich zum Ziel gesetzt, aus der bisherigen Zwischennutzung eine langfristige und nachhaltige Nutzung zu machen.

Um dieses ambitionierte Vorhaben umzusetzen, hat sich die Freilicht AG mit der Stiftung Ledigenheim zusammengeschlossen. Die Stiftung, die sich seit Jahren für den Erhalt von Industriedenkmalen einsetzt, bringt ihre Expertise und ihr Engagement in das Projekt ein.

Gemeinsam haben beide Partner im Jahr 2020 eine gemeinnützige Gesellschaft gegründet. Die Stadt Dinslaken unterstützt das Projekt durch den Verkauf der Zechenwerkstatt und einen langfristigen Erbpachtvertrag.

Die Sanierung der rund 2.400 Quadratmeter großen Halle ist eine große Herausforderung. Ein engagiertes Team aus Architekten, Planern, Finanz- und Rechtsexperten arbeitet seit Jahren an einem umfassenden Konzept. Gemeinsam mit den Bürgerinnen und Bürgern von Dinslaken soll im kommenden Jahr eine konkrete Nutzungsplanung erarbeitet werden.

Denkmalschutz und Nachhaltigkeit

Die Zechenwerkstatt ist in einem sehr schlechten Zustand. Um das Gebäude zu erhalten, wurde ein Förderantrag beim Land Nordrhein-Westfalen gestellt. Die zugesagten Fördermittel von rund 5 Millionen Euro dienen ausschließlich der denkmalgerechten Sanierung der Außenhülle. Der Innenausbau muss größtenteils aus eigenen Mitteln finanziert werden.

Zukunftspläne

Die Initiative hat große Pläne für die Zukunft der Zechenwerkstatt. Das Gebäude soll zu einem lebendigen Ort werden, der Kunst, Kultur und Bildung fördert. Es ist geplant, verschiedene Nutzungen zu kombinieren, wie beispielsweise Ateliers für Künstler, Veranstaltungsräume, Werkstätten und möglicherweise auch ein Café.

Herausforderungen und Chancen

Die Sanierung und Umnutzung der Zechenwerkstatt ist ein komplexes Projekt, das mit zahlreichen Herausforderungen verbunden ist. Neben der Finanzierung müssen auch Fragen der Nutzung, des Betriebs und der Nachhaltigkeit geklärt werden. Gleichzeitig bietet das Projekt auch große Chancen. Die Zechenwerkstatt kann zu einem neuen Anziehungspunkt für die Stadt Dinslaken werden und einen wichtigen Beitrag zur Revitalisierung des ehemaligen Zechengeländes leisten.

https://zechenwerkstatt.de/

Fokus auf die Beteiligung der Bürger*innen

Ein großer Schritt ist bereits getan: Die Freilicht AG und die Stiftung Ledigenheim haben die notwendigen Eigenmittel für die erste Phase der Sanierung zusammengetragen. Doch das Projekt braucht weiterhin Unterstützung!

Ab sofort können auch die Dinslakener*Innen aktiv mitwirken und die Zechenwerkstatt zu ihrem Ort machen. Ob bei gemeinsamen Arbeitseinsätzen, bei der Mitgestaltung des Programms oder einfach durch Ideen und Anregungen – jede Hand wird gebraucht. Denn die Zechenwerkstatt soll ein Ort von und für die Dinslakener*innen werden. „Packen wir's gemeinsam an!"

Fokus auf die historische Bedeutung und die Zukunft

Die Sanierung der Zechenwerkstatt ist nicht nur ein Bauprojekt, sondern auch ein Beitrag zum Erhalt unseres kulturellen Erbes. Das Gebäude ist ein Zeugnis der industriellen Vergangenheit Dinslakens und soll auch zukünftigen Generationen erhalten bleiben.

In einem ersten Schritt wird die äußere Hülle des Gebäudes saniert. Anschließend wird das Innere an die neuen Nutzungsanforderungen angepasst. Dabei wird großen Wert auf eine nachhaltige und energieeffiziente Bauweise gelegt. Die Zechenwerkstatt soll ein Ort der Begegnung für Menschen aller Generationen werden. Hier können Kunst und Kultur stattfinden, aber auch soziale Projekte und Bildungsinitiativen

Drohnenaufnahme aus 2023 von Lothar Herbst

Und so geht es weiter...

Zechenwerkstatt heute / Foto: Lothar Herbst

Lothar Herbst

Seit 2016 nutzt die Freilicht AG die Zechenwerkstatt als Mieterin und hat die alte Industriehalle zu einem Veranstaltungsort für kulturelle und soziale Projekte gemacht. Trotz Herausforderungen wie Vandalismus, fehlender Infrastruktur und Diebstählen, konnte die Halle seitdem rund 50.000 Besucher bei vielen Veranstaltungen anziehen. Die einzigartige Atmosphäre der Zechenwerkstatt wurde bei Events wie Street Food Festivals, Konzerten, Märkten, Partys, Theateraufführungen und Bürgerprojekten geschätzt. Auch der Weihnachtsmarkt, der nach dem Aus am Scholtenhof eine neue Heimat suchte, fand hier seinen Platz. So ist die Zechenwerkstatt zu einem neuen Treffpunkt auf dem ehemaligen Zechengelände geworden.

Der Eingangsbereich mit Theke und Vortragsort, Fotos: Lothar Herbst

Der Weihnachtsmarkt in der Zechenwerkstatt in Dinslaken ist ein beliebtes Ereignis, das in der Regel in der Adventszeit stattfindet. Die Zechenwerkstatt, ein historisches Gebäude, das früher mit dem Bergbau verbunden war, bietet eine besondere Kulisse für diesen festlichen Markt.

Auf dem Weihnachtsmarkt finden Besucher eine Vielzahl von Ständen, die handgefertigte Produkte, Malereien, Kunsthandwerk, Weihnachtsdekorationen, Basteleien und kulinarische Spezialitäten anbieten. Regionale Anbieter und Kunsthandwerker präsentieren ihre Waren, wodurch der Markt einen einzigartigen, persönlichen Charakter erhält.

Die Atmosphäre wird oft durch festliche Beleuchtung und musikalische Darbietungen ergänzt, die die Besucher in die vorweihnachtliche Stimmung versetzen. Zudem gibt es häufig Aktivitäten für Kinder, wie zum Beispiel Bastelstände oder kleine Fahrgeschäfte.

Der Weihnachtsmarkt in der Zechenwerkstatt ist nicht nur ein Ort zum Einkaufen, sondern auch ein sozialer Treffpunkt für die Gemeinde, der die lokale Kultur und das Gemeinschaftsgefühl stärkt.

Nächsten 6 Fotos: Lothar Herbst

- Langfristige Nutzung der Zechenwerkstatt

Nun plant die Initiative den nächsten Schritt: Aus der bisherigen temporären Nutzung soll eine langfristige Nutzung werden. Um dieses Ziel zu erreichen, hat die Freilicht AG einen starken Partner gewonnen: die Stiftung Ledigenheim, die vor etwa 20 Jahren das Ledigenheim mit Fördergeldern saniert und seitdem erfolgreich betreibt. Die Stiftung hat sich dem Denkmalschutz und der Förderung der bergmännischen Kultur verschrieben und sieht es als ihre Aufgabe an, sich in diesem Projekt zu engagieren.

Im Oktober 2020 gründeten die Freilicht AG und die Stiftung Ledigenheim gemeinsam eine gemeinnützige Gesellschaft. Die Stadt Dinslaken kaufte die Zechenwerkstatt und schloss mit der Gesellschaft einen Erbpachtvertrag für 66 Jahre ab.

Die Sanierung der Halle, die eine Fläche von 2.400 m² umfasst, ist ein großes Vorhaben, das die Initiatoren ehrenamtlich bewältigen. Ein engagiertes Team arbeitet seit Jahren intensiv an der Zukunftsplanung der Halle. Dabei kümmern sich potenzielle Nutzer, Architekten,

Steuerberater, Unternehmensberater und Anwälte um den Umbau, die Finanzierung und die wirtschaftliche Tragfähigkeit. Die konkrete Gestaltung der Halle soll im Jahr 2025 gemeinsam mit den Bürgern von Dinslaken und zukünftigen Nutzern erarbeitet werden.

Seit der Schließung der Zeche Lohberg im Jahr 2005 wurden keine Instandhaltungsmaßnahmen an dem Gebäude durchgeführt. Dies hat dazu geführt, dass die Bausubstanz stark gelitten hat und das Gebäude im aktuellen Zustand als „Schrottimmobilie" eingestuft werden könnte.

Die Initiative der Freilicht AG und der Stiftung Ledigenheim möchte dies ändern und hat gemeinsam mit der Stadt Dinslaken eine Förderung für die denkmalgerechte Sanierung der Gebäudehülle beim Ministerium für Heimat, Kommunales, Bau und Gleichstellung des Landes Nordrhein-Westfalen beantragt. Die beantragte Förderung beläuft sich auf etwa 5 Millionen Euro, wobei 70% der Mittel vom Bund und dem Land NRW stammen und 30% aus dem Haushalt der Stadt Dinslaken kommen.

Doch dies ist nicht die einzige Herausforderung für die Initiative. Die Fördergelder dürfen ausschließlich für die Sanierung der Gebäudehülle, also der Fassade und des

Daches, verwendet werden. Der Innenausbau, der für die geplante Nutzung erforderlich ist, muss aus eigenen Mitteln finanziert werden und erfordert einen hohen sechsstelligen Betrag.

Die Freilicht AG und die Stiftung Ledigenheim haben es bereits geschafft, die Eigenmittel für diesen ersten Schritt aufzubringen, aber im weiteren Verlauf des Projekts werden weitere finanzielle Mittel benötigt. Fortan haben auch die Bürger von Dinslaken die Möglichkeit, sich an dem Projekt zu beteiligen, um es voranzutreiben.

Im Dezember 2021 wurden die Fördergelder vom Ministerium bewilligt, und nun kann das Projekt starten. Die Dinslakener Bürger sind aufgerufen, sich einzubringen, denn die Zechenwerkstatt soll ein Ort von und für die Dinslakener werden.

Es gibt vielfältige Möglichkeiten, sich am Projekt zu beteiligen, sei es durch Mithilfe bei sogenannten „Werktagen" oder durch die Mitgestaltung des Programms. Jetzt sollen Informationsveranstaltungen und Ideenwerkstätten stattfinden, bei denen die Dinslakener ihre Ideen einbringen können. Getreu dem Motto „Nicht meckern, sondern machen" sind die Bürger eingeladen, diesen Ort aktiv mitzugestalten. Um das historische Gebäude vor dem Verfall zu bewahren und eine zukünftige Nutzung sicherzustellen, ist eine umfassende Sanierung dringend notwendig. Der erste Schritt ist die Instandsetzung der Gebäudehülle. Die historische Backsteinfassade wird neu verfugt und die durch Vandalismus zerstörten Fenster werden ersetzt. An der Giebelseite soll eine neue Eingangstür entstehen, und das Dach wird neu gedeckt, während das Stahlträgerwerk saniert wird.

Für die Inbetriebnahme des Gebäudes sind außerdem technische Ausbauten im Inneren erforderlich. Dazu zählen die Installation einer elektrischen Verteilung, die Beleuchtung, sowie Brandschutz- und Lüftungsanlagen, die für einen dauerhaften Betrieb unerlässlich sind.

Die Freilicht AG

1995 versammelte sich in Dinslaken eine Gruppe engagierter Bürger mit dem Ziel, das kulturelle Profil der Stadt zu stärken und den Kulturstandort Dinslaken zu revitalisieren. Sie strebten an, der Region innerhalb der Musik- und Theaterlandschaft von Ruhrgebiet und Niederrhein neue Anziehungskraft und Zukunftsperspektiven zu verleihen. Besonderes Augenmerk lag darauf, die romantische Kulisse des Burgtheaters mit einem professionellen Unterhaltungsangebot wieder zum Leben zu erwecken. Anfang 2016 hat die Freilicht AG die Zechenwerkstatt von der RAG Montan Immobilen GmbH als Zwischennutzung angemietet, in Zusammenarbeit mit der Stadt Dinslaken ein temporäres Sicherheits- und Brandschutzkonzept erarbeitet sowie umgesetzt.

Freilicht AG
Am Rutenwall 2
46535 Dinslaken

Ansprechpartnerin: Lea Eickhoff
Telefon: +49 (0) 2064 / 4 24 44 62
E-Mail: lea.eickhoff@freilicht-ag.de
Website: https://freilicht-ag.de

Die Stiftung Ledigenheim

wurde gegründet, um das gleichnamige imposante Bauwerk zu erhalten. Das 1914 errichtete Ledigenheim Lohberg bot einst 542 unverheirateten Bergleuten auf über 6.400 Quadratmetern ein Zuhause. Als typisches Beispiel einer Arbeiterkaserne jener Zeit war es Teil der denkmalgeschützten Bergarbeiterkolonie. Nach aufwendiger Sanierung dient es heute als vielseitiges Zentrum für Kultur, Gewerbe und Dienstleistungen, wobei sein ursprünglicher Charakter erhalten blieb. Heute wird das Gebäude oft für kulturelle und soziale Veranstaltungen genutzt und ist ein Teil des städtischen Erbes. Beide Institutionen tragen zur kulturellen Vielfalt Dinslakens bei und fördern die Gemeinschaft, indem sie Räume für Kunst und Begegnung schaffen.

Ledigenheim Lohberg
Stollenstraße 1
46537 Dinslaken

Ansprechpartnerin: Janet Rauch
Telefon: +49 (0) 2064 / 62 19 30
E-Mail: J.Rauch@stiftung-ledigenheim.de
Website: https://ledigenheim-lohberg.de

Illumination in der Zechenwerkstatt / Foto: Lothar Herbst

- Das Repair-Café

Das Repair-Café in der Zechenwerkstatt verfolgt ein soziales Konzept, das von einer engagierten Initiative geleitet und umgesetzt wird. Es soll ein flexibler Prozess sein, der sowohl bei der baulichen Entwicklung als auch bei der inhaltlichen Gestaltung offen für Anpassungen bleibt. Durch die aktive Beteiligung der Bürgerinnen und Bürger soll ein lebendiger Treffpunkt entstehen, der langfristig von der Gemeinschaft getragen wird. Seit der Zwischennutzung im Jahr 2016 hat die Initiative begonnen, ein breites Netzwerk aufzubauen, um durch Patenschaften und engagierte Unterstützer Eigeninitiative zu fördern.

Die Bauplanung und Durchführung erfolgen schrittweise in Modulen, die sich am Fortschritt des Projekts orientieren. Diese Vorgehensweise ermöglicht Zwischenlösungen, Testläufe und Eigenleistungen. Auch die Finanzierung der weiteren Bauabschnitte kann je nach Verfügbarkeit der Mittel modular angepasst werden.

Das Repair-Café möchte einen Beitrag zur Abfallvermeidung leisten und das Bewusstsein für Reparaturen stärken. Viele Gegenstände, die nur geringfügig defekt sind, werden oft voreilig entsorgt, obwohl sie nach einer einfachen Reparatur wieder voll funktionstüchtig wären. Das Repair-Café soll diese Kultur des Wegwerfens ändern.

An jedem ersten Mittwoch im Monat, zwischen 15 und 19 Uhr, stehen ehrenamtliche Reparaturexperten bereit, um bei einer Vielzahl von Reparaturen zu helfen – kostenlos. Besucher können ihre defekten oder beschädigten Gegenstände mitbringen, sei es ein Toaster, eine Lampe, ein Föhn oder Spielzeug – alles, was tragbar ist und nicht mehr funktioniert, kann repariert werden.

Neben den Reparaturen bietet das Café auch Kaffee, Kuchen und erfrischende Getränke an. Jeder ist herzlich eingeladen, einfach vorbeizukommen, auch ohne etwas zu reparieren. Das Repair-Café soll auch dazu beitragen, Menschen aus der Nachbarschaft auf neue Weise miteinander zu verbinden.

Wenn man gemeinsam mit einem bisher unbekannten Nachbarn ein Fahrrad, einen CD-Player oder eine Hose repariert hat, sieht man diese Person beim nächsten Treffen auf der Straße in einem neuen Licht. Gemeinsames Reparieren kann zu wertvollen Kontakten in der Nachbarschaft führen.

Eine Reparatur spart nicht nur Geld und wertvolle Rohstoffe, sondern reduziert auch den CO_2-Ausstoß. Mit dem Repair-Café möchten alle Mitgestalter vor allem zeigen, dass Reparieren Spaß macht und oft ganz einfach ist!

Das ehrenamtliche Team hat etwa ein Jahr lang daran gearbeitet, die Räumlichkeiten der Zechenwerkstatt umzubauen – ein Projekt für sich. Die zerstörten Fenster wurden durch Plexiglas ersetzt, wobei die Firma Stricker tatkräftig unterstützte und zeigte, wie dies am besten gelingt. Zudem wurden Möbel gesammelt, gestrichen, Wände verputzt, der Boden verlegt und die zukünftigen Abläufe des Repair-Cafés geplant. Zusätzlich fanden wöchentliche Planungstreffen statt, bei denen der zukünftige Ablauf organisiert wurde. Eine Generalprobe zur Eröffnung mit Familie und Freunden verlief bereits erfolgreich. Das Repair-Café aus Hünxe Bruckhausen stand dabei beratend zur Seite und half mit wertvollen Tipps und Materialien – dafür ein großes Dankeschön!

Die Reparateure suchen weiterhin Menschen, die das Repair-Café unterstützen möchten! Man muss kein Elektromeister sein, um mitzumachen. Die Aufgaben sind vielfältig: organisieren, budgetieren, netzwerken, backen, reparieren, handwerken oder nähen. Jeder der Lust hat, kann schon jetzt ganz unverbindlich zu den Planungs-teams dazustoßen und helfen!

Ebenso sind Sponsoren und Spender willkommen! Alle sind sehr dankbar für die Unterstützung, die hier bereits von einigen Dinslakener Firmen zuteilwurde – sei es durch Anleitung bei Tätigkeiten oder durch Sachspenden von Möbeln, Werkzeug und mehr. Jede materielle und finanzielle Hilfe ist herzlich willkommen.

Foto: Lothar Herbst

Illumination in der Zechenwerkstatt / Foto: Lothar Herbst

- Veranstaltungen

Künstler-Ausstellung von Rainer Höpken / Foto: Lothar Herbst

In der Zechenwerkstatt werden viele Veranstaltungen von externem Veranstalter geplant und durchgeführt. Doch auch das engagierte Zechenwerkstatt-Team organisiert eigene Events. Wer eine kreative Idee hat und das Team unterstützen möchte, ist herzlich eingeladen, sich einzubringen. Der erste Schritt könnte eine Nachricht an Lea Eickhof unter info@zechenwerkstatt.de oder der Besuch eines Einsteiger-Abend sein.

https://zechenwerkstatt.de/aktuelles/

Schon früh zeichnete sich bei der Dinslakenerin ein pragmatischer Ansatz ab: "Nicht meckern, sondern machen" ist seit jeher ihr Motto. Dies zeigte sich bereits in jungen Jahren, als sie im großen Garten ihrer Eltern Festivals mit bis zu 200 Gästen organisierte. Dabei übernahm sie die Verantwortung von der Planung bis hin zur Umsetzung. Die Freude daran, Menschen zusammenzubringen, motivierte sie zu weiteren Veranstaltungen für Freunde und Bekannte. „Veranstaltungen haben für mich einen Sinn, weil sie Menschen vereinen. Wenn man eine gute Idee hat, sollte man den Mut haben, sie einfach umzusetzen," beschreibt sie ihre Antriebskraft.

Angesichts dieses Engagements ist es kaum verwunderlich, dass sie auch beruflich diesen Weg einschlagen wollte. Nach dem Abitur und verschiedenen Praktika im Film- und Fernsehbereich, unter anderem beim „Perfekten Promi Dinner", entschied sie sich für ein duales Studium zur Diplom-Eventmanagerin. Zusätzlich legte sie die Prüfung zur Veranstaltungskauffrau vor der Industrie- und Handelskammer ab.

Ihre berufliche Karriere begann sie in einer Essener Eventagentur, wo sie unter anderem bei der Organisation und Durchführung des „Stillleben Ruhrschnellweg" im

Rahmen der „Ruhr 2010 – Kulturhauptstadt Europas" mitwirkte. Während dieser Zeit reifte in ihr der Wunsch, eigenständig ein Festival in ihrer Heimatstadt Dinslaken zu veranstalten. „Ich nahm Kontakt zu den zuständigen Stellen in der Stadtverwaltung auf und stieß auf offene Ohren," erinnert sie sich. Doch trotz der positiven Resonanz empfand sie die bürokratischen Hürden als bremsend: „Die Bürokratie hat mich ausgebremst," beschreibt sie ihre Erfahrungen.

Auf Anraten von Bekannten wandte sie sich an die Freilicht AG Dinslaken, eine 1995 von engagierten Bürgern gegründete Gesellschaft, die sich der Förderung der kulturellen Landschaft in Dinslaken verschrieben hat und unter anderem für die Wiederbelebung des Burgtheaters verantwortlich ist. Der Zeitpunkt war perfekt, denn die Freilicht AG suchte gerade eine neue Geschäftsführerin für ihr Projekt „Fantastival".

Lea Eickhoff war genau zur richtigen Zeit am richtigen Ort und übernahm 2012 diese hauptamtliche Position. Seitdem ist sie für die Organisation und Weiterentwicklung der beliebten Veranstaltung verantwortlich, die sie nicht ins Leben gerufen hat, aber stetig weiterentwickelt. „Ich bin bis heute dankbar für das Vertrauen, das mir damals mit 25 Jahren entgegengebracht wurde", betont sie und richtet ihren Dank an das gesamte Team der Freilicht AG. „Nur mit so einer großartigen und engagierten Truppe kann ein Festival im Ehrenamt so erfolgreich sein. Auch nach 10 Jahren macht es immer noch großen Spaß."

Neben ihrer Arbeit beim „Fantastival" hat sie gemeinsam mit ihren Freundinnen Kerstin Benninghoff und Filiz Göcer das Projekt „Ach so" ins Leben gerufen, das sich für nachhaltiges und bewusstes Konsumverhalten sowie für das soziale Miteinander in Dinslaken und Umgebung einsetzt.

Auch die Zechenwerkstatt in Lohberg wird von der engagierten Geschäftsführerin Lea Eickhoff geleitet. Wer ihr zuhört, wenn sie über ihre Arbeit spricht, sieht das Leuchten in ihren Augen. So sieht echte Power aus.

Das Team arbeitet ehrenamtlich und in seiner Freizeit an diesem Projekt, was die Kapazitäten begrenzt. Genau deshalb ist die Unterstützung der Gemeinschaft so wichtig. Nur wenn viele Menschen mitmachen und gemeinsam anpacken, kann hier wirklich etwas bewegt werden.

Die Zechenwerkstatt soll eine Plattform für alle sein, die Dinge in die Hand nehmen und gestalten möchten. Warum also nicht selbst die Veranstaltungen auf die Beine stellen, die in der Stadt fehlen? Neulich fand das Gründungstreffen statt, und nun werden die Planungen weiter vorangetrieben. Jeder, der Lust hat, ist eingeladen, sich zu beteiligen.

Das Ziel ist es, ein ehrenamtliches Veranstaltungsteam zu bilden, das mindestens eine, aber gerne auch mehrere Veranstaltungen in der Zechenwerkstatt eigenständig plant und umsetzt. Von der ersten Idee über die Finanzierung bis hin zur Durchführung – das Team entscheidet selbst, ob es eine kleine Lesung, eine Ausstellung, ein Konzert oder sogar ein großes Sommerfest wird. Natürlich steht die Freilicht AG dabei beratend zur Seite.

- Historische Begegnung

Wenn man ein Ziel verfolgt, ist es wichtig, flexibel zu bleiben. Ich bin in die Wirkungsstätte meines Vaters gezogen, wo er viele Jahre lang gearbeitet hat. Dieser Schritt stellte einen großen Kontrast dar, der mich tief berührt hat.

In den ehrwürdigen Mauern der Zechenwerkstatt Lohberg tauchte ich intensiv in die Geschichte dieses besonderen Ortes ein. Silvo Magerls Erzählungen während des "Püttabends" im September 2024 fühlten sich an wie eine Zeitreise, die mich in eine Ära zurückführte, in der die Werkstatt das Herz der Zeche war.

Besonders beeindruckend waren seine Antworten auf die Fragen der Zuhörer zum Thema Grubenwasser – ein Thema, das durch meinen Besuch im Walsumer Bergwerk nur wenige Tage zuvor für mich an Bedeutung gewonnen hatte.

Ein abschließendes Gespräch mit ihm zur Lohberger Zechengeschichte gab mir neue Impulse und Anregungen und bestärkte mich in meinem Vorhaben, diese faszinierende Geschichte zu dokumentieren.

Silvo Magerl erzählt aus der Vergangenheit / Foto: Lothar Herbst

Ein Leben nach der Zeche

Silvo Magerl ist ein ehemaliger Bergmann, der über 30 Jahre in der Zeche Dinslaken-Lohberg gearbeitet hat. Nach der Schließung der Zeche im Jahr 2005 hat er sich einer neuen Rolle gewidmet, die es ihm ermöglicht, seine Erfahrungen und Geschichten mit der Öffentlichkeit zu teilen. Heute führt er Bürger durch seinen Stadtteil und erzählt anschaulich von der harten Arbeitswelt unter Tage sowie von den Erlebnissen und Anekdoten aus dem Bergmannsleben. Magerl ist nicht nur ein Geschichtenerzähler, sondern auch ein wichtiger Teil der Gemeinschaft in Lohberg. Er engagiert sich aktiv, um das Erbe des Bergbaus lebendig zu halten und die Erinnerungen an diese prägende Zeit zu bewahren. Seine Führungen bieten den Teilnehmern einen tiefen Einblick in die Geschichte der Zeche und die Bedeutung des Bergbaus für die Region. Zusätzlich hat Magerl an verschiedenen Projekten mitgewirkt, die das kulturelle Erbe des Bergbaus in Lohberg fördern. Er ist bekannt als der „sprechende Bergmann", was seine Rolle als Botschafter der Bergbaugeschichte unterstreicht. Sein Engagement zeigt, dass die Erinnerungen an die Zeche und die Gemeinschaft, die sie geprägt hat, auch nach der Schließung weiterleben.

Pütt-Abend in der Zechenwerkstatt / Foto: Lothar Herbst

Silvo Magerl erzählt aus seiner Vergangenheit / Foto: Lothar Herbst

Anmoderation von Thomas Ewich aus dem „Team Zechenwerkstatt"

Fotos: Lothar Herbst

- Mein Fazit zur Zukunft der Zechenwerkstatt Lohberg

Die Zukunft der Zechenwerkstatt Lohberg sieht vielversprechend aus, da sie sich zu einem lebendigen Zentrum für Industriekultur und Gemeinschaftsprojekte entwickeln soll. Die 1904 errichtete und unter Denkmalschutz stehende Zechenwerkstatt hat das Potenzial, als kultureller und sozialer Treffpunkt für die Bürger von Dinslaken zu dienen.

Ein zentrales Ziel ist die Sanierung und Weiternutzung des historischen Gebäudes, um es als Raum für Kreativwirtschaft, Veranstaltungen und Produktion zu etablieren. Die Gründung einer Zechenwerkstatt-Kulturgesellschaft soll dazu beitragen, die Aktivitäten zu organisieren und die Belebung des Ortes voranzutreiben, wobei die Bürger von Dinslaken aktiv in die Gestaltung einbezogen werden.

Darüber hinaus wird die Zechenwerkstatt als Plattform für kulturelle Veranstaltungen und Gemeinschaftsprojekte genutzt, die sowohl die lokale Bevölkerung als auch Besucher anziehen sollen. Diese Initiativen fördern nicht nur das Bewusstsein für die industrielle Vergangenheit der Region, sondern stärken auch das Gemeinschaftsgefühl und die Identität der Stadt.

Insgesamt wird die Zechenwerkstatt Lohberg voraussichtlich eine zentrale Rolle in der kulturellen und sozialen Entwicklung der Region spielen, indem sie die Geschichte des Bergbaus bewahrt und gleichzeitig Raum für neue kreative Ideen und Gemeinschaftsaktivitäten schafft.

Zechenwerkstatt 2020, Foto: Lothar Herbst

- Die Zechenwerkstatt Lohberg in der Haushaltssicherung, was wird?

Kultur erhalten, Bürgerwillen respektieren

Und hier kommt jetzt wieder der Politiker und meine persönliche Meinung aus mir heraus. In Zeiten knapper Kassen mag es verlockend sein, den Rotstift anzusetzen. Doch bei der Zechenwerkstatt in Dinslaken wäre dies ein fatales Signal. Die Kulturstätte ist nicht nur ein beliebter Treffpunkt für Jung und Alt, sondern auch ein wichtiger Identifikationspunkt für das Wohngebiet Lohberg.

Ein Herzstück des Künstler.Quartiers Lohberg

Das Künstler.Quartier Lohberg (K.Q.L) und die Zechenwerkstatt sind eng miteinander verbunden. Die Kulturstätte ist nicht nur ein wichtiger Veranstaltungsort im K.Q.L, sondern auch ein Symbol für die kreative und innovative Atmosphäre des Quartiers. Die Zechenwerkstatt bietet dem K.Q.L eine Plattform für vielfältige Veranstaltungen, Ausstellungen und Workshops. Künstlerinnen und Künstler profitieren von der Infrastruktur und dem inspirierenden Umfeld der Zechenwerkstatt.

EXTRA SCHICHT

Jährlich findet im Ruhrgebiet die "EXTRA SCHICHT" statt, ein Highlight des Kulturkalenders, auch in Dinslaken. Lohberg und die Zechenwerkstatt spielen dabei eine zentrale Rolle. Die Veranstaltung lockt tausende Besucher in das Quartier und trägt zur überregionalen Bekanntheit bei.

ZELOH, Gastronomie mit direkter Anbindung

In unmittelbarer Nähe der Zechenwerkstatt befindet sich die Gaststätte ZELOH. Das Konzept der Gastronomie basiert auf der engen Verzahnung mit der Zechenwerkstatt und den dort stattfindenden Aktivitäten.

Die Schließung der Zechenwerkstatt?
Das wäre ein herber Verlust

Die Schließung der Zechenwerkstatt hätte fatale Folgen. Das Quartier würde einen wichtigen Anziehungspunkt für Künstlerinnen und Künstler, Kulturschaffende und Besucher verlieren. Die "EXTRA SCHICHT" wäre in Lohberg nicht mehr möglich und die Gaststätte ZELOH würde eine wichtige Existenzgrundlage verlieren.

Kultur als Standortfaktor:

Die Zechenwerkstatt ist weit mehr als nur ein Ort der Unterhaltung. Sie ist ein wichtiger Bestandteil der kulturellen Infrastruktur Dinslakens und trägt zur Attraktivität der Stadt bei. Kultur ist ein wichtiger Standortfaktor und darf nicht leichtfertig geopfert werden.

Appell an die Vernunft:

Ich appelliere somit an alle Parteien, die Verwaltung, sowie Bürgerinnen und Bürger von Dinslaken die Bedeutung der Zechenwerkstatt zu erkennen und die Förderung nicht zu streichen. Lassen Sie uns gemeinsam ein Zeichen für Kultur und Bürgernähe setzen!

Dialog mit den Bürgern:

Eine etwaige Entscheidung über die Zukunft der Zechenwerkstatt sollte immer im Dialog mit den Bürgerinnen und Bürgern getroffen werden.

- Aktivitäten in der Zechenwerkstatt Dinslaken Lohberg in 2022 und 2023:

Hier meine Recherche zu vergangenen Aktivitäten in der beliebten Kulturstätte:

2022:

Januar:

- Neujahrsempfang der Stadt Dinslaken
- Ausstellung "Zechenwerkstatt im Wandel"

Februar:

- Karneval Party
- Repair-Café

März:

- Internationaler Frauentag
- Lesung mit WDR-Moderatorin Steffi Neu

April:

- Ostermarkt
- Theateraufführung "Die Dreigroschenoper"

Mai:

- Maifest
- Tag der offenen Tür

Juni:

- Sommerfest
- Konzert mit der Band "Die Toten Hosen"

Juli:

- Zechentour mit anschließendem Grillabend
- Kinderferienprogramm

August:

- Pop-up-Kneipe "Zum Glück Auf"
- Straßenkunstfestival

September:

- Erntedankfest
- Herbstfest

Oktober:

- Halloweenparty
- Krimilesung mit Autor Klaus-Peter Wolf

November:

- Martinsumzug
- Weihnachtsmarkt

Dezember:

- Adventskonzert
- Silvesterparty

2023:

Januar:

- Neujahrsempfang der Stadt Dinslaken
- Ausstellung "Zechenwerkstatt im Wandel"

Februar:

- Karnevalsparty
- Repair-Café

März:

- Internationaler Frauentag
- Lesung mit WDR-Moderatorin Steffi Neu

April:

- Ostermarkt
- Theateraufführung "Die Dreigroschenoper"

Mai:

- Maifest
- Tag der offenen Tür

Juni:

- Sommerfest
- Konzert mit der Band "Die Toten Hosen"
- EXTRA SCHICHT

Juli:

- Zechentour mit anschließendem Grillabend
- Kinderferienprogramm

August:

- Pop-up-Kneipe "Zum Glück Auf"
- Straßenkunstfestival

September:

- Erntedankfest
- Herbstfest

Oktober:

- Halloweenparty
- Krimilesung mit Autor Klaus-Peter Wolf

November:

- Martinsumzug
- Weihnachtsmarkt

Dezember:

- Adventskonzert
- Silvesterparty

- Zusätzliche Veranstaltungen

Verschiedene Workshops und Kurse:

- Yoga
- Pilates
- Malerei
- Fotografie
- Tanzen

Regelmäßige Treffen:

- Schachclub
- Strickclub
- Leseclub

Private Feiern:

- Geburtstage
- Hochzeiten
- Firmenfeiern

Die mir fehlenden Daten in der laufenden Recherche über das gesamte Jahr für 2024 dürfen Sie nicht entmutigen, sondern vielmehr als Aufforderung verstehen, ein „weiter wie bisher" und mehr anzustreben.

Die Geschichte der Zechenwerkstatt ist noch lange nicht zu Ende geschrieben. Lassen Sie uns gemeinsam die nächsten Kapitel gestalten! Auch wenn noch nicht alle Fragen beantwortet sind, bietet die Zukunft spannende Möglichkeiten. Werden Sie Teil unserer Forschungsreise und helfen Sie mit, die Zechenwerkstatt zu einem Ort der Begegnung und des Experimentierens zu machen.

Besuchen Sie unsere Veranstaltungen und entdecken Sie die Vielfalt der Zechenwerkstatt!

Ihr Autor: Lothar Herbst

88

120 JAHRE ZECHENWERKSTATT LOHBERG

Ein Relikt aus dem Kohlenpott

Autoren-Information Lothar Herbst
Webdesigner, Redakteur, Autor und Fotograf:

alle meine Bücher

Lothar Herbst